AF257859

* 9 7 8 1 8 3 8 4 4 6 8 2 6 *

رسالة إلى خاتمة الملكات

جمالك يا سيدتي هو هذا الذي يقتلني
و صبر شوقي يكاد يكوي لهيب مشاعري
الآن يا مولاتي تأكدتُ
بأنَّ حُبَ الملائكةِ ..
ليس بالأمرِ السهلِ

Contents

عذابُ البُعد

أأبكي شوقاً أم حزنا

أم اختلطت دموعُ العينِ

فلا أجدُ لها لمَّا تَطيحُ عُذرا

و كيف لا أبكي مشاعري

التي بكت على غيابِ الحبيب دهرا

و حبيبتي مذ أن ابتدأت قصتنا

لم أرها إلَّا بضعَ مراتٍ جهراً و سرا

*

إن كان هذا البعدُ عذاباً

فواللهِ للنَفْسُ لَقُدرة

فيا أيُّها الرحمن أجعل لنا

من بعدِ هذا العسرِ يسرا

*

مهما طالَ الفراق

و طالت بيننا الطرقات

ستظلُ الأشواق لنا شعلة

و نورُ حُبك بداخلي

سيضيءُ لي الدربَ

لحضنُكِ العَطِر

*

فلا المسافات

ولا الأكْوان التي قد تخلق بيننا

ستطفئ نيران الشوق التي التهمت مشاعرنا

و لقائنا يا حبيبتي محتوم

فأنا و أنت محال أن يقف القدر إلا في صفنا

*

حبي لك, كقصص الأبطال

لا يموت في ختامها البطل

و يبقى عبير ذكراها دائما عطرا

فمجنون ليلى يا حبيبتي

لربما غار من قصتنا

****

الوعد

حبيبتي عديني
أَلّا وحيداً تتركيني
أَلّا تذهبي بعيداً عني
و للقدر ترميني
عديني، أن تبقي نوراً لعيوني
و أن نُخيطَ سويةً درب الحنينِ
عديني أن تكوني لأحلامي حارسةً
و أن تكوني الشُعلةَ التي تُضئ مسيري
*

حبيبتي عديني
أنّ نبقى سوياً طول السنينِ
ألا تفارق يداي يداكِ
و يبقى الحلمُ واعداً و جميلِ
فأنا أخافُ العذاب مولاتي
و أخاف خسَارَتكِ يا من لا تُعوَضُ بالثمينِ
*

فلن ترى مراكبي مرفأً

أحنَّ من شواطئ عيناك لتحميني

و لن يعرف رأسي مُتكأً

خيراً من صدرك لِيُدَفيني

فيا حبيبتي أرجوكِ

أبداً أبداً .. لا تترُكيني

*

حبيبتي عديني

أن يضاهي بريق حبنا جمال النجوم

و أن نصارع كل من يرميه بالسهام

دعينا نتبنى حبنا ولدا

يرخص لحمايته كل نفيس

عديني أن نموت دفاعا عن قصتنا

فما قيمة الحب

لولا الصراع في سبيله

****

قتیل حبها

جنون حبي لها

فاق كل احتمال

و معادلات الحب و الهوى

صارت كلها لهوَ الكلام

أشدُّ من الأمواج حبي لها

و أخطر من أيِّ إعصار

فإن وقعت في مرمى ناظري

أضرمت في قلبي النيران

و أشعلت كل أحاسيسي

و ألهبت بداخلي نار الغرام

*

فيا من قتلتني بحبها

أرحميني قليلاً

و إلا ضاق بي الكلام

و اختزلت كل قوانين العشق

و نفدت لديَّ الأشعار

فماذا بعدُ أُقدّمُ لك

و قلبي و روحي

صارا بيدك محبسان

*

يا مجرمة

يا قاتلة

يا مستعمرة احتلت قلبي أيما استعمار

يا بركانا

يا زلزال

أنا قتيل حبك سيدتي

و لا أطلب منك

إلا الرفق بالحال

****

وصف مستحيل

فراشة.. جوهرة... أو ألماسة؟

فُلَّة.. وردة.. أم غزالة؟

ماذا عساني أَصِفُكِ يا أستاذة

أستاذةٌ في فن العشق و الهوى

و في لوحات الجمال عنوان

و قصيدةٌ عصماء مُعلّقة

و لحنٌ ما سمعته آذان

*

يا طوَّق الياسمين و الريحان

يا عبير الزنبق

يا آيةً في الجمال

هل يكفي هذا لوصفك

لا مُحالٌ..

لا مُحال

*

يا ماء الورد

يا عصير الرمان

يا من من أحمر شفاهها

يولد الكرز و التوت و التفاح

و يا من من عبير رائحتها

يستنشق المسك و العود و السنديان

هل يكفي هذا لوصفك

لا محال..

لا محال

*

أنت معجم الجمال

فيك نقاء الياقوت و الفيروز و المرجان

منك يأخذ الألماس بريقه

و أمام سحر عيناك

تصطف النجوم كأنها تنظر في مرآة

هل يكفي هذا لوصفك

لا محال..

لا محال

****

رسالة إلى خاتمة الملكات

الشوقُ يقتلني

و دموعُ العين تُغرقني

و قلبي الذي ما نبض إلا بالحُب

صار يا أمي يذبحني

فمتى اللقاء يا جميلتي

و متى ينتشلُني من الهم حُضنكِ

متى أغوصُ في بحار عيناك

و قلبي ليلاً نهاراً ينبضُ باسمكِ

متى يا أمي أُكحل عيناي بمرئاكِ

و التثمُ من يديكِ

تلك القُبلاتُ التي تُشبعني

*

يا أمي قد طال الغياب

و حالت بيننا المسافات

لكن يا عمري تأكدي

بأنكِ دائماً برفقتي

كما هي عندي تلاوة القرءان و الصلاة

و ما غُبت يوماً من دعواتي

أو خاطري الذي لا يكنُّ لكِ

إلا أطيب التمنيات

*

يا أمي كم مشتاق

لأنفاس قهوتك عند كل صباح

لشروق ابتسامتك أمام ناظري

كولادة الشمس بعد كل شتاء

لصوت ضحكتك يطرب أذاننا

كالهدهد يصدح بأجمل الزقزقات

لذلك الحضن الذي يغمرنا

بفيضان من الدفء و الحنان

*

فيا حبيبتي أبداً لا تحرميني

من قبلةِ الجبينِ عند كل مساء

و من رقصة يدك على وجهي

و هي تُبارِكُني بأجمل الدعوات

لا تحرميني من خُضْر عينيكِ

تلك التي اختزلت قاموس الجمال

لأنك بكل بساطةٍ يا حبيبتي

أنت هي..

خاتمةُ الملكات

****

فستانها الأزرق

في فُستانها الأزرق

تمنيت أن أغرق

أن أجول به كالمحيط

و أُضيّع الشاطئ و المرفأ

*

في فُستانها الأزرق

و قامتُها المستقيمة

و كُلُّ مفاتِنِها العظيمة

تمنيت ألا تفارق يدي يدها

و أن تراقص أصابعي

خصال شعرها المجعد

*

في فُستانها الأزرق

وقفَت أمامي كحورية

كنجمةٍ ساطعةٍ في ليلةٍ مخملية

أُسابقُ الشُهب في دربي نحوها

فبحضورها أنا

أعرفُ الحرية

****

استجواب

تسألُني

أأنت مشتاقٌ لي

أحقاً لا تنام الليلَ تُفكرُ بي

أحقاً بالكَ لا يسرحُ

إلا بشعري المرمي على كتفَي

أم أنه مجرد شعرٍ

لا يساوي حبر القلمِ الذي رُسمَ فيه

*

أما رأيت ما آلت حالي إليه

ألا ترينَّ شحبَ الوجهِ

و السوادَ المطبوعَ تحت العينين

ألا تشعرين الأرقَ الذي اعتراني

و الإشتياق يمزقُ قلبي الفتي

حرامٌ عليك أن تظلميني

فدُّعائُكِ باطلٌ

لا أساس إليه

*

أنا الذي أُبحر في مياه الشوق

دون أن أرى شاطئاً ألجأ إليه

و عصَفت بي أمواجُ البحر

و مزقت كل الشراعات لدي

تُهتُ في صحراءٍ بلا نُجمٍ

و حتى ضوء القمر

منذ أن غُبتِ ما طلَّ عليّ

*

بحضورك يا مولاتي

تولد أقمار

تخلق أفكار

يتكرر فصل الربيع

بوجودك سيدتي

تتفتح أزهار

ترقص أوتار العود

لتعزف نشيدا" وطني

بوجودك سيدتي

يتلاشى الهم

نأد الحزن

تصير دنيانا مسرح غزلي

*

فأدركتُ يا سبب وجودي

بأني معك يُمْكِنُ أن أصير أي شيء

معك أنت يا مولاتي

يمكن أن أصيرَ نبي

****

جنون غيرتي

أغاروا

أغاروا عليكِ من النسمةِ تلاعبُ شعرِكِ

و من العطر الذي يفوح فوق صدرِكِ

أغاروا من قلم الحُمرةِ المرسوم على ثغرِكِ

من الشالِ يداعبُ رقبتكِ

أغاروا من كل ما حولِكِ

من الثياب تُعانقُ جسمكِ

أغاروا من المرايا إذ رأتكِ أكثر مني

و من الفناجين تلامسُ شفاهِكِ

فلا تلوميني أو تشتكي

هَذِهِ أطواري

فحبي لكِ استعمارٌ

لن تتحرري من أفكاري

و ستظلين سجينةً قلبي

لحينِ أن تُكَفِّنَني الأقدارِ

****

شقاء الإشتياق

مشتاقٌ لحُضنها يغمرني

و لعبيرِ رائحتها الذي يخطُفني

لضمّها.. لشمّها.. لتذوقها

مشتاقٌ لكل شبرٍ منها

فيا جميلتي قد طال غيابك

أهـــذا هـــو الإتفـــاقُ الذي كان بـــين شـــفاهي و

ثغرك

أهذا ما أجمعت عليه أصابعي

و هي ترقص على خصرك

ما كنت لأقبل بهذا العذاب

أن تنام عيناي دون التمتع برؤياك

ما كنت لأقبل يوماً

ألّا يكون صدرك وسادتي

*

مع من سوف أشرب قهوة الصباح

مع من سوف أغازل الأزهار

و أحلق في كل فضاء

مع من تراني أعيش معنى السعادة

و من دونك الحياة كُلُها كربلاء

و كيف يا صغيرتي بدونك

يمكنُ أن أُلاعبَ نجوم السماء

*

أُكتّب عليّ أن أعيش وحيداً

و لا أتذوق إلا الشقاء

أقدري هو أن تكون سعادتي

جرعةٌ تزورُني مرةً في العام

أقدري أن تكون حياتي

تارة سامراء .. و تارة سامراء

فمتى الخلاص يا حلوتي

و نعيش معاً كل زمان

****

موسيقا الغرام

تعالي يا صغيرتي

لكي أُعلمك الطيران

فأنا أمير الحب

و بعدي العشاق كلهم غبار

أنا يا أميرتي من فرزَ النجوم

و وزّعَ دساتير الهوى

و كتب في الحب أجمل الأشعار

*

خُذي بيدي لكي أسافر بك

لعالمٍ ما عهدته أنظار

لتكون مائدتنا مصنوعةٌ من سُحبٍ

و كؤوسنا ملفوفةٌ بورقٍ من شِهاب

فأنا و أنت و الحب ثالثنا

ما أجمل العشق بحضورك يا ملاك

فأنت القلب و أنت العين

و معك يا مولاتي ينبض القلب

بموسيقا الغرام

****

قرار

قررت أن أحبك من جديدٍ الآن

قــــررت أن يكــــون حــــبي بــــلا شروطٍ.. بــــلا عنوان

قــــررت يا مــــولاتي أن نكــــون في قصــــص العشــــق أبطال

ألا نركض خلف سير الحب

لنقتبس منها ماذا عن الحب يقال

*

فبحُبنا قد وُجِدت قوانين الهوى

خططناها بقُبلاتنا التي سرقت منا

الليل و الصبح و النهار

فحُبنا يا سيدتي وحيٌ منزل

كما الإنجيل، كما القرءان

و أنا و أنت بلا قصتنا

كالسمك نموت خارج البحار

****

متمردة

متمردة..

مشاكسة..

محاربة..

مقاتلة..

أجتمعت مواصفات الثائر فيها

فإن غضبت مني و زورتني بعيونها

تراني قُتلتُ من رمش عينيها

و إن انفعلت أمامي و احمر وجهها

أذوب أنا لأختبئ في جفن عيونها

فإن كنت أعشقها و هي في جل أنوثتها

تراني أموت بها حين يشتظ غضبها

*

فيا أيتها الثعلبة الماكرة

كيف عساني أكرهك أو أغضب منك

إن كنت في حيرةٍ من أمري

متى هي أحلى..
أفي بحر هدوئها,
أم فيضان غضبها؟

****

عندما يصير الحب قدراً

أتخبط في أفكاري

مع أني على يقين باختياري

أُحبها أقوى من عويل إعصارٍ

و أعشقُها بكُل جُنونٍ

فهي قدري و قراري

*

فلا الحياة و ما بها

و لا قصصي ولا أخباري

سوف تشغلني يوماً عنها

فهي حتمي

أتمسك بها بكل إصرار

فلا القلب يهوى غيرها

ولا لغيرها لهن في قلبي دار

فخيالي يسرح كل يومٍ بها

فهي نوارة دربي، و بريق أفكاري

ترافقني كحمامة

تركت السرب لتستقر جواري

و بنت عشاً جميلاً لها في أحضاني

*

فيا أيها الملاك الطاهر

الذي نزل بي ليخرجني من أحزاني

ليحول بضحكةٍ رقيقةٍ..

الجحيم فتصير جنان

و يتفتح زهر الياسمين قبل موعده

ليسمع صوتك الرنان

*

فيا من في جفن العين مسكنها

و يا سر سعادتي، و جوهرة أشعاري

إن كان وجودك في حياتي مصيرٌ

فما أجمل أقداري

****

خلود

خُلُود

نِجمةٌ وهبها لي ربُّ الوجود

زادت على حياتي بريقاً

و ضافت على ألوانها ورود

قصيدةُ عمري قد اكتملت

فجمالُها ما عَهَدتهُ حدود

*

خُلُود

يا قطعةً من القلبِ قد أقتطِفَت

يا فُلَّةً فواحةً

يا أطيب حبات العنقود

يا أجمل ما رآتهُ عيوني

يا راحةَ البالِ

يا مرهماً للجُروح

كيف أستغربُ جمالك مولاتي

و أنت أتيتِ من رحمٍ ملاك

منذُ أن جئتِ سيدتي

ما زارَ بيتُنا هموم

*

خُلُود

يا مُقلةَ العينِ

يا نبض القلبِ

يا باحةً من رياضِ الجنةِ

يا بُستاناً من الزنبقِ و رائحةِ التوت

أعذُري يا عمري تقصيرَ الكلماتِ

فالشّعرُ أمامَ حُسنَكِ

يركعُ و يموت

****

"النهاية"

و هل للحب نهاية؟

مصطفى فخير .. شاب سوري الأصل, مقيم في بريطانيا و يزاول مهنة المحاماة فيها, متخصصا" في مجال القانون البحري. ولد في مدينة اللاذقية, حيث نشأت إحدى أول الأبجديات في العالم في أوغاريت. و هو ينحدر أيضا" من جزيرة أرواد, حيث أبدع الفينيقيون في فن بناء السفن و علم البحار. و لربما هذا المزيج من الإرث الثقافي و الحضاري العظيمين اللذين زرعا فيه حب "اللغة" من جهة, و حب "البحار" من جهة أخرى.

يعشق مصطفى فن الكلمات و تنسيقها, و يعتبرها صنعة كما وصفها الشاعر نزار قباني "صنعة الحرف". لكنه يعترف مسبقا" بأنه ليس شاعرا" و غير متعمق في أسس و قواعد

الشعر العربي, فكتابة الشعر بالنسبة له هواية. و بينما هذا شيء من التقصير في حق الشعر, إلا أن رجل القانون هذا يفضل بأن يترك عالمه الشعري بعيدا" عن أي قيود بحيث يستطيع أن يطلق عنان خواطره و قلمه للورقة التي بين يديه في تدوين كلماته.

و لهذا يعترف مصطفى بأن أسلوبه الشعري قد لا يتناغم أو يتوافق مع قواعد النحو و النظم الشعرية العريقة, و لكنه يأمل بأن تقضوا وقتا" ممتعا" برفقة هذا الكتاب, و لكم منه جزيل الشكر و الأحترام.

مع أطيب التمنيات

مصطفى فخير

mfkhir.publications@gmail.com

@mfkhir.publications

أعمال سابقة:

Loveliness: 11 pieces of lyrics, poetry,
and love

ISBN: 978-1-8384468-2-6